T0046331

101

COSAS QUE DEBERÍAS SABER SOBRE LOS

ANiMALES

Flying Frog Publishing

© 2016 SUSAETA EDICIONES, S.A.
This edition published by
Flying Frog Publishing
Lutherville, MD 21093
Made in India.

101

COSAS QUE DEBERÍAS SABER SOBRE LOS

ANiMALES

Contenido

Planeta animal

1 Animales y plantas, todo está relacionado.

Hace 570 millones de años la Tierra comenzó a ser poblada por los primeros animales y plantas complejas, que crearon los ecosistemas que se han ido desarrollando hasta nuestros días. Hoy existen cerca de 1.3 millones de especies diferentes de animales, ¡y se estima que incluso podría haber algunos millones más por descubrir!

2 El equilibrio natural

Cada especie está completamente vinculada a las demás de su entorno. En un ecosistema intervienen diversos protagonistas: depredadores, herbívoros, hongos y bacterias, vegetales… Cada eslabón de esta cadena alimentaria es importantísimo y en su equilibrio se basa la supervivencia de todas las especies, ¡incluida la nuestra!

3 Una gran responsabilidad

El hombre, gracias a su inteligencia, se ha situado como máximo colonizador del planeta, ¡pero no puede olvidar que también forma parte de la gran cadena! Es su deber preservar la vida natural y proteger los ecosistemas que han existido durante miles de años.

4 La huella del hombre

A nuestra especie, *Homo sapiens*, se la denomina «superdepredadora». Durante siglos el ser humano ha levantado enormes ciudades, ha construido autopistas que interrumpen la vida salvaje de los bosques, ha provocado incendios forestales, talado bosques y cazado indiscriminadamente.

5 La próxima evolución

Ya en pleno siglo XXI por fin somos conscientes de lo importante que es para el planeta que nos esforcemos por conservarlo. ¿Conseguiremos cambiar nuestra denominación de «superdepredadores» por la de «superpreservadores»? ¡El ser humano es capaz de eso y de mucho más!

7

Sabana y selva africanas

Hogar de los más grandes

En la sabana africana, de inmensa superficie y enormes praderas, habitan las especies terrestres más grandes del planeta. ¡El elefante puede llegar a medir hasta 13 pies (4 m) de alto y pesar tanto como un camión! Su asombrosa trompa tiene casi 100,000 músculos. En libertad el elefante puede llegar a vivir más de 70 años.

7 En manadas

Gacelas, ñus y cebras son especies que viven en manadas en las sabanas.

Ñu

A veces, como en el caso de los ñus cuando emigran, ¡esas manadas están compuestas por miles de miembros! Esto garantiza que gran parte del grupo se mantenga a salvo de los depredadores. Las gacelas y las cebras, en su huida, alcanzan velocidades de vértigo.

Cebra

8 Enormes herbívoros

Las jirafas son campeonas en altura, pues su largo cuello las eleva hasta los 18 pies (5.5 m) y así pueden alcanzar las hojas más altas. Los grandes, pesados y fieros hipopótamos son, con permiso de los cocodrilos, los dominadores de los ríos, y los rinocerontes son, tras los elefantes, los animales más grandes e imponentes.

9 Felinos dominantes

El león es el rey, el más poderoso de los mamíferos africanos, ¡aunque la leona es la que hace todo el trabajo de cazar! El guepardo es el animal terrestre más veloz: llega a alcanzar las 70 millas (115 km/h), ¡como un auto en una carretera! El leopardo es precavido y devora a sus presas en lo alto de los árboles.

10 Otros protagonistas

Las hienas y los enormes buitres «limpian» los parajes de la carroña que abandonan los depredadores. Las hienas, además, son muy inteligentes y mantienen una guerra sin cuartel con los leones. Pero la mordedura más potente la tienen los cocodrilos que pueblan los ríos.

Leopardo

Hiena

¿SABÍAS QUE...?

El avestruz es el ave más grande y pesada que existe, ¡pero sus 400 libras (180 kg) le impiden alzar el vuelo!

Hipopótamo

11 Exuberante diversidad

En las selvas se encuentra el 50% de las especies del planeta ¡y una gran parte está aún sin estudiar! El okapi, por ejemplo, un raro pariente de la jirafa, vive en el corazón de la selva africana y no se descubrió hasta finales del siglo XIX.

Okapi

12 Hogar de homínidos

En estas selvas vive el más grande de los homínidos, el gorila. ¡Un macho es tan fuerte como 8 hombres y mide cerca de 6 pies y medio (2m)! Los cercopitecos son los primates más abundantes y los chimpancés son los más inteligentes de la selva; ¡tienen el 98% del ADN igual al nuestro!

Gorila

13 Aves exóticas

El cálao es una de las aves características de estas selvas; puede llegar a vivir 30 años en libertad y encima del pico tiene un cuerno extraordinariamente raro. Por otro lado, el pavo del Congo, descubierto en 1936, vive en lo más profundo de la selva y es todo un ejemplo de adaptación al medio.

Pavo del Congo

Cálao

10

14 Un acorazado

El pangolín es un extraño animal recubierto de escamas. Para defenderse se enrolla sobre sí mismo; el resultado es una bola acorazada capaz de resistir los ataques de hienas y leopardos.

15 Los más pequeños

Los insectos son los animales más numerosos de la selva. Completan este amplísimo ecosistema arácnidos, anfibios y reptiles. Y no olvidemos que solo se conoce el 20% de las especies y que aún podrían existir animales extraordinarios por descubrir...

Habitantes del desierto

15 Calor y sequedad

En el desierto solo los más fuertes sobreviven: apenas hay agua y se registran las temperaturas más altas de la Tierra. El dromedario, con una joroba, y el camello, con dos, están especialmente adaptados a este medio. Pueden aguantar una deshidratación con pérdida de hasta el 40% de su masa corporal y, en caso de necesidad extrema, llegar a beber 26 galones (100 litros) de agua en solo 10 minutos y acumularla en su torrente sanguíneo.

17 Una lengua veloz

El camaleón es un reptil que se alimenta casi exclusivamente de insectos. Para cazarlos espera inmóvil a que algún desprevenido se ponga a tiro. Entonces lanza su pegajosa lengua ¡a una velocidad vertiginosa! Este espectacular animal puede mover los ojos de forma independiente y así tener una visión de casi 360 grados.

18 Pequeñas maravillas

El pequeño fénec, o zorro del desierto, posee un sentido del oído increíble. Adaptado a la arena del desierto, caza de noche; el día lo pasa en su madriguera a 32 pies (10 m) bajo tierra. El jerbo es un roedor muy curioso y juguetón que da saltitos en vez de andar, un antojo de la naturaleza que parece mezcla de ratón, canguro y liebre.

Fénec

Jerbo

19 En peligro de extinción

El asno salvaje es muy inteligente. Es capaz de aguantar mucho tiempo sin agua y comiendo hasta las plantas más espinosas. ¡Sus enemigos deben tener cuidado con sus potentes coces! El órix blanco, de largos cuernos, ya solo existe en cautividad, pero se trabaja para reintroducirlo en su hábitat natural.

Asno salvaje

Órix blanco

20 Enorme reptil

El varano es un reptil que puede llegar a medir casi 6 pies (2 m). Se alimenta de pequeños roedores y reptiles, caracoles, insectos… Tiene un apetito enorme. Usa su larga lengua bífida para oler presas y detectar peligros.

Varano

¿SABÍAS QUE…?

La hormiga del desierto del Sáhara es tan resistente al calor que puede salir a buscar comida aunque la temperatura sea de 158ºF (70ºC).

Animales de Europa

21 Infinidad de aves

Los bosques europeos están llenos de aves extraordinarias, como el martín pescador, que es capaz de atrapar hasta 80 peces pequeños al día. La abubilla, por su parte, parece una gran mariposa cuando vuela. El carbonero es un acróbata y adopta posiciones inverosímiles para atrapar insectos en la corteza de los árboles.

Martín pescador

22 Depredadores y presas

El zorro come ratones y conejos, pero si escasean también puede llegar a alimentarse de la basura de los humanos. La ardilla roja es una experta trepadora y salta de árbol en árbol. Conejos y ratones son el bocado favorito de las aves de presa y, aunque son miedosos y precavidos, a menudo se despistan y acaban siendo la cena de alguna.

23 Grandes animales

El jabalí no tiene buena vista, pero su olfato es de los más finos: ¡puede detectar a un enemigo a 330 pies (100 m) de distancia! Los ciervos, los reyes del bosque, pierden los cuernos hacia el mes de abril, pero les vuelven a crecer a razón de 0.78 pulgadas (2 cm) al día.

Jabalí

24 El guardián nocturno

El majestuoso búho es el terror de los roedores nocturnos, de los que se alimenta. Su vista de lejos es buenísima, tanto de noche como de día, y es el ave con mejor audición que existe. Su vuelo es extremadamente silencioso.

25 Cerca del agua

En todos los bosques hay riachuelos y zonas húmedas, que es donde habitan los anfibios. La salamandra es uno de los más sorprendentes por tener una capacidad singular: si pierde una pata, por ejemplo, es capaz de regenerarla... ¡le vuelve a crecer por completo en tan solo tres semanas!

2‍ Grandes montañeros

Al llegar la primavera, los riscos y verdes prados de alta montaña se llenan de vida. El rebeco, con vista y oído excepcionales, es capaz de captar la presencia del hombre ¡a 2,600 pies (800 m)! La cabra montesa tiene unas pezuñas especiales que le permiten escalar riscos prácticamente verticales.

Rebeco

Cabra montesa

2. Depredadores terrestres

Los lobos, aunque quedan pocos, son expertos cazadores en grupo y persiguen a sus presas durante millas para acorralarlas. El lince ibérico, el felino más amenazado del mundo, es el terror de los conejos: se come uno al día durante casi todo el año.

Lince ibérico

Quebrantahuesos

28 Desde el aire

El quebrantahuesos es la única ave que se alimenta de... ¡huesos! Los deja caer desde el aire para romperlos y así poder comerse la médula interior y los trozos pequeños de hueso.
El treparriscos es un ave del tamaño de un gorrión que trepa por paredes rocosas en busca de arañas e insectos para alimentarse.

Treparriscos

29 La rapaz suprema

El águila real es la mayor ave depredadora y es capaz de distinguir una presa desde casi media milla (1 km) de distancia; además es una de las aves más rápidas que existen y cuando se lanza en picado sobre una presa ¡puede llegar a alcanzar las 150 millas (240 km/h)!

¿SABÍAS QUE...?

El halcón peregrino es el animal más veloz de la tierra. ¡Cayendo en picado puede llegar a alcanzar las 200 millas (320 km/h)!

30 Carroñeros majestuosos

El buitre leonado construye sus nidos en zonas inaccesibles de los riscos más empinados y se pasa el día sobrevolando las montañas en grupo, para tener más posibilidades de dar con algún animal muerto. Come casi 2 libras (1 kg) de carne al día. ¡A veces come tanto que luego no puede volver a levantar el vuelo!

Zonas frías

31 En el Polo Norte

El clima ártico es de los más fríos
y extremos de la Tierra, lo que no
impide que sea muy rico en diversidad
animal. El reno es el único cérvido que se puede
domesticar y, además de tirar de los trineos,
proporciona carne, mantequilla, queso y pieles.

32 ¿Conoces al más fiero?

Pese a ser un gran desconocido, el glotón es el
depredador más temido de estas regiones.
Parece una mezcla entre oso
y perro, y tiene potentes
garras y mandíbulas.
Es agilísimo, gran trepador,
y no duda en enfrentarse a osos o
lobos para arrebatarles sus presas.

Glotón

33 Pequeños mamíferos

El armiño es uno de los
carnívoros más pequeños. Su
pelo marrón pardo se vuelve
blanco durante el invierno
para camuflarse en
la nieve. El turón
come roedores,
aves, reptiles y
huevos, que perfora
para beberse su
contenido.

Turón

Armiño

Oso polar

2 Inseparables

El búho nival, con su plumaje blanco, es una de las aves más bellas. Caza de día y de noche todo tipo de roedores, pero especialmente lemmings, que son unos animalitos muy particulares: forman grandes manadas para migrar, pero tienen las rutas programadas, y si un río pasa por alguna de ellas ¡se tiran sin pensárselo y mueren en masa!

Búho nival

Lemming

3 Majestuoso gigante

El oso polar, el mayor depredador terrestre, mide hasta 8 pies (2.5 m) y está especialmente preparado para vivir en la nieve. Su pelo es transparente, pero parece blanco porque refleja la luz. Puede llegar a oler a una foca (su bocado preferido) ¡a nada menos que 22 millas (35 km) de distancia!

¿SABÍAS QUE...?

El zorro ártico, pese a ser un depredador, logra sobrevivir en el invierno gracias a las sobras que dejan los osos polares.

Animales de Norteamérica

36 En las llanuras

A mediados del siglo XIX las praderas de Estados Unidos y Canadá estaban pobladas por más de 80 millones de bisontes; hoy, lamentablemente, ya solo quedan cerca de 320,000. Este animal bovino es el mamífero más grande que vive en América del Norte.

37 Bonitas aves

El águila calva es una gran depredadora. Puede llegar a vivir 30 años en libertad. El gallo de las praderas es otra ave típica de esta región; en abril y mayo los machos cantan, bailan y luchan entre sí mientras esperan a que llegue alguna hembra para elegir pareja.

Marmota plateada

38 Pequeños excavadores

En invierno la marmota plateada puede llegar a dormir en su madriguera durante siete meses seguidos, ¡menuda hibernación! Las zarigüeyas son marsupiales, como los canguros: transportan a sus crías en una bolsa en su vientre.

Zarigüeya

Perrito de la pradera

39 Superpoblación

El perrito de las praderas construye galerías de hasta 50 pies (15 m) de longitud, donde descansa, se esconde e hiberna cada año. En Texas ha llegado a crear colonias de nada más y nada menos que ¡unos 400 millones de miembros!

40 Otros depredadores

Coyote

El coyote es un cánido a mitad de camino entre el lobo y el zorro. Se alimenta fundamentalmente de roedores y serpientes, aunque en invierno sobrevive ingiriendo frutos y plantas. Las serpientes, de muchas variedades, son otros grandes depredadores y comen todo tipo de pequeños animales.

21

41 Félidos salvajes

El puma de Norteamérica caza alces, ciervos y pequeños mamíferos; ¡se le conoce como el león de América! Al lince rojo le encanta camuflarse para apresar liebres y roedores.

Puma de Norteamérica

42 Temido por todos

El lobo gris es uno de los mamíferos más antiguos: ¡hace más de 100,000 años que habita este planeta! Es inteligentísimo. Vive y caza en grupo y sus colmillos pueden llegar a medir casi 2.5 pulgadas (6 cm).

43 Maloliente estrategia

La mofeta tiene unas glándulas bajo la cola que le permiten expulsar un líquido apestoso: con él espanta a sus enemigos. Y ahora, alucina: a pesar del mal olor, este líquido se usa en muchos perfumes porque fija los aromas de las esencias.

Mofeta

44 Simpáticos y solitarios

Los mapaches son omnívoros y excelentes trepadores. Su pelo dibuja un antifaz en sus ojos y rayas en la cola. Durante las tres primeras semanas de vida no puede abrir los ojos y vive ciego junto a su madre.

45 Sin miedo

La ardilla listada o chipmunk es un tipo de ardilla pequeña con una curiosidad enorme y muy confiada. Casi nunca baja de los árboles, donde le encanta hacer piruetas, pero no duda en acercarse al hombre si intuye que va a recibir comida.

Selvas de Suramérica

46 Superdepredador

El jaguar es el gran dominador de la selva. Se trata del tercer felino más grande del mundo y es un estupendo nadador. Su mandíbula es potentísima y ¡se puede llegar a alimentar hasta de cocodrilos!

47 El más lento

El perezoso es un animal que vive a cámara lenta. Es tan lento que a máxima velocidad es solo cinco veces más rápido que un caracol. ¡Es incapaz de moverse a más de 650 pies (200 m) por hora! Su digestión puede llegar a durar… ¡un mes! ¡Y a veces se pasa en un mismo árbol un año entero!

48 Enorme serpiente

La anaconda es la serpiente más grande del mundo: ¡puede llegar a medir casi 40 pies (12 m)! Para cazar se enrosca alrededor de su presa y aprieta tan fuerte que la asfixia; luego desencaja sus mandíbulas para tragarse al animal entero. ¡Puede llegar a engullir un caimán!

49 Aves exóticas

Guacamayo

El guacamayo es un ave de colores muy llamativos y una inteligencia muy desarrollada que puede llegar a vivir 50 años. El tucán, por su parte, posee el pico más grande de la selva, y le sirve para regular la temperatura de su cuerpo.

50 Otros habitantes

Oso hormiguero

Tucán

El oso hormiguero gigante puede llegar a comer miles de hormigas en un día y, aunque no parece peligroso, puede defenderse con sus garras e incluso llegar a matar a un jaguar. El mono araña negro es un primate de larga cola con la que se cuelga de los árboles. Come frutos y excreta cada día cerca de 60,000 semillas sin digerir.

Mono araña negro

La variedad de Asia

1 La joya de China

El oso panda es el animal más protegido de
China y su caza está castigada... ¡con la
muerte! Aunque sorprendentemente es un
animal carnívoro, el 99% de su dieta consiste
en hojas de bambú, su bocado favorito;
también comen insectos y huevos.

52 Cazadora nocturna

La víbora del templo duerme durante el día y por la noche
se despierta para cazar pájaros, ratones, lagartos y ranas,
a los que sorprende entre la espesura de los árboles.
Su nombre se debe a que, en Malasia, a este tipo
de serpientes les arrancan los colmillos y las
dejan vivir en los templos.

3 Acorazado

El rinoceronte indio llama la
atención por su piel distribuida
en forma de placas a lo largo de su
cuerpo. Se cree que su cuerno es el
origen de la leyenda de los
unicornios y, de hecho,
es muy utilizado
en la medicina
tradicional china
por sus supuestas
propiedades.

54 Portentos reproductores

Los saigas son antílopes cuyas hembras, en el primer parto, siempre tienen gemelos del mismo sexo; pero cuando su población se ve amenazada, ¡en el primer parto paren gemelos de diferente sexo!

Saiga

Irbis

55 Casi recién llegado

El irbis es también conocido como leopardo de las nieves y se le fotografió por primera vez hace menos de cincuenta años. Es el felino que vive a mayor altitud, llegando hasta cerca de los 18,000 pies (5,500 m).

56 Belleza en peligro

El tigre está tan amenazado que existen más ejemplares viviendo en cautiverio que libres en su hábitat natural. Puede comer casi 65 libras (30 kg) de carne de una sentada y entierra los restos para que no se los coman los carroñeros y así poder hacerlo él más tarde.

7 Habitante de aguas profundas

El gavial es un cocodrilo con un hocico alargado y fino con el que se alimenta de peces, ranas y pájaros. Puede llegar a vivir 50 años y es, con sus casi 20 pies (6 m) de largo, uno de los cocodrilos más grandes.

8 ¡No es un pájaro pero «vuela»!

La ardilla voladora tiene una piel extendida entre las patas que le permite planear lanzándose desde los árboles. No vuela, solo planea, pero puede saltar entre dos árboles que estén a 115 pies (35 m) de distancia.

Importantes primates

El gibón tiene unos enormes brazos y es capaz de caminar erguido levantando un brazo por encima de la cabeza para mantener el equilibrio. El macaco es un primate con pelo lanoso y suave que mantiene complejas relaciones sociales entre los de su especie.

Macaco

Gibón

6 Gigantes arborícolas

El orangután es el mamífero más grande que vive en los árboles. Las crías dependen de la madre hasta los seis años. Son tan parecidos a los hombres que en tiempos antiguos se creía que eran personas que se ocultaban para no trabajar.

Orangután

Australia

1 Tierra de marsupiales

La forma de reproducción del canguro es única: al pasar unos 35 días, el embrión repta como puede hasta una bolsa externa que tiene la madre en el abdomen. Allí termina de desarrollarse durante unos 250 días más. Todos los marsupiales tienen esa bolsa.

Interior de la bolsa del canguro; el embrión se agarra al pezón para mamar.

62 Belleza abrumadora

Las aves del paraíso son un grupo de varias decenas de especies diferentes reconocidas como las más bonitas del mundo. No solo su aspecto es bello: las danzas que realizan en la época de apareamiento también son espectaculares.

Ornitorrinco

3 Raros, raros

El ornitorrinco es un mamífero de lo más peculiar: pone huevos, su pico y sus patas se parecen a los de los patos, su cola a la de los castores y posee genes que solo se hallan en reptiles, anfibios y aves. El casuario es un ave que no vuela pero es muy violenta y peligrosa, capaz de matar a una persona con sus potentes patas con garras.

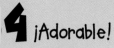

14 ¡Adorable!

El koala, que tiene aspecto de oso de peluche, es un marsupial muy dormilón: ¡puede llegar a dormir 20 horas seguidas! Se alimenta de eucalipto, aunque de joven no es capaz de digerir sus hojas y debe nutrirse con los excrementos de su madre.

65 Nuevas enfermedades

El diablo de Tasmania es un marsupial del tamaño de un perro, pero es mucho más fuerte. Desde 1990 se desarrolla en esta especie un tumor facial que ha reducido su población y hoy se considera en vías de extinción.

Animales en la ciudad

66 El mejor amigo

Muchos son los placeres de cuidar y convivir con ciertos animales. El perro es la mascota por excelencia y no es de extrañar, porque los estudios equiparan su inteligencia a la de un niño de dos años. Además son capaces de detectar cosas como un ataque epiléptico en su amo ¡con 45 minutos de antelación! Todo un misterio...

67 Importantísimos bigotes

El gato tiene un total de 24 bigotes, pero no son simples pelos: son en realidad unas terminaciones nerviosas que, junto con el olfato, le permiten identificar olores con agudeza, además de estar relacionados directamente con el equilibrio.

68 Mascota pirata

Algunas especies de loros son tranquilísimas y muy sociables en cautiverio; además, son grandes imitadores y aprenden a decir muchas palabras, a cantar, a bailar, ¡los hay con muy buen humor! Los más longevos llegan a cumplir los 75 años.

69 Grandes mofletes

Los hámsters tienen abazones, unas bolsas expansibles dentro de la boca que van desde las mejillas hasta los hombros. Se los pueden llenar de comida y así transportarla a su madriguera.

70 Compañera silenciosa

Las tortugas son animales de sangre fría, por eso aprovechan el sol para calentarse. Los rayos solares también hacen que se active su sistema inmunológico y les ayudan a metabolizar el alimento.

71 Callejeros supervivientes

Los perros callejeros siempre han habitado las grandes ciudades; en Moscú más de 500 perros callejeros viven en el metro durante los meses de invierno ¡e incluso algunos han aprendido a usar el tren para viajar de un lugar a otro! Los gatos callejeros suelen establecer colonias de bastantes miembros.

72 La rata del aire

La paloma de ciudad tiene bien merecido su apodo, porque es un animal muy sucio; no es raro que tenga parásitos bajo el plumaje y que transmita un buen número de enfermedades. ¡Mejor lejos!

73 En el subsuelo

Las ratas de alcantarilla son unos roedores que provienen de China y Rusia, y que poco a poco se han expandido por todo el mundo. Transmiten numerosas enfermedades, así que mejor mantenerse lejos de ellas. ¡Se dice que en algunas ciudades viven más ratas que personas!

74 Omnipresente

El gorrión común es una de las aves más extendidas del mundo y vive en hábitats urbanos en total sintonía con el hombre. Come de todo en pequeñas cantidades y se ha adaptado a casi todos los climas.

75 ¿De ciudad?

Acuarios con peces tropicales, terrarios con reptiles o serpientes exóticas ¡e incluso arañas venenosas! Ciertas especies de animales singulares han ido adaptándose como mascotas que viven en cautiverio. Aunque hay quien opina que no deberían sacarse de su hábitat natural.

En el campo y la granja

76 Ágiles en la huida

La liebre puede llegar a alcanzar unas 43.5 millas (70 km/h) mientras corre, pero lo más impresionante es que es capaz de realizar cambios súbitos de dirección que despistan a su perseguidor; todo ello gracias a unas potentes patas traseras.

77 Los comezanahorias

A pesar de ser normalmente pequeño y asustadizo, ¡el conejo asusta muchísimo a los elefantes! También ronronea como los gatos y además, aunque no lo parezca, es mucho más sociable que ellos.

78 Mala reputación

Los zorros no son agresivos, al contrario de lo que pueda parecer. No atacan a gatos ni perros y tampoco masacran gallinas, como cuentan algunos cuentos. De hecho, en cautiverio son unos animales muy sociables.

79 Ata cabos

El cuervo es una de las aves más inteligentes que existe: razona y aprende acerca de su entorno muy rápidamente.

80 Terror nocturno

La lechuza posee unas garras tan fuertes y afiladas que cuando caza a una presa, esta muere al instante. Si aun así logra seguir con vida, la lechuza usa su fuerte pico para darle muerte.

¿SABÍAS QUE...?

Un conejo puede mirar hacia atrás sin girar la cabeza, ¡pero tiene un punto ciego justo delante de él!

81 Base de la dieta

Los animales de granja están muy presentes en nuestra dieta: se estima que a lo largo de una vida omnívora llegamos a comernos una media de 4 vacas, 21 ovejas, 15 cerdos, 1,200 pollos y unos 13,345 huevos.

82 Limpieza fundamental

En una granja es necesario que convivan dentro de un ambiente limpio y sano varios animales de especies diferentes. Los cerdos, aunque tengan fama de lo contrario, son muy limpios, y las gallinas, por ejemplo, muy sucias.

83 Para trabajar

Aunque cada vez se usan menos en los países desarrollados, los animales de tiro, como el asno o el caballo, a pesar de no dar alimento son muy útiles para el trabajo de labranza del campo y el transporte.

84 En rebaños

Las ovejas no beben agua en movimiento, no les gusta; aparte de esa rareza, son unos animales muy dóciles y tienen muy buena memoria. ¡Pueden recordar y diferenciar a unos 50 miembros de su rebaño! De ellas se aprovechan la lana, la carne y la leche.

85 La leche más bebida

Las vacas producen casi el 90% de la leche que se consume en el mundo y son responsables de las mayores expulsiones de gas metano a la atmósfera. Se pasan unas 6 horas al día ingiriendo el alimento y otras 8 horas… ¡masticándolo!

Animales en el agua

86 Agua y vida

Alrededor de las zonas húmedas se reúnen ciertas especies que necesitan el agua para vivir y no solo para beber. Las libélulas, pese a vivir fuera del agua una vez que tienen alas, primero crecen durante años bajo el agua como ninfas.

87 Curiosa respiración

Las ranas tienen una respiración cutánea y necesitan mantener su piel húmeda para absorber del aire el oxígeno y expulsar el dióxido de carbono. Si una rana se seca durante mucho tiempo, acabará muriendo.

88 Aspecto prehistórico

Las tortugas pueden ser terrestres o acuáticas, y entre estas las hay marinas y de agua dulce. Las de agua dulce suelen ser de pequeño tamaño, pero las marinas son enormes. ¡Pueden llegar a medir 6.5 pies (2 m) y pesar 1,320 libras (600 kg)!

89 Nadando y volando

Los patos son hábiles nadadores pero torpes moviéndose por tierra. En vuelo, cuando migran, los patos se colocan en una formación en «V», que aumenta su poder de vuelo en un 71%. Una nota curiosa: nadie sabe por qué el graznido del pato nunca produce eco.

¿SABÍAS QUE...?

El caracol, lubricado con su baba, es capaz de desplazarse por el filo de un cuchillo sin cortarse.

90 La favorita

En los ríos y lagos de agua dulce conviven peces, anfibios, insectos, aves y mamíferos acuáticos. La trucha común es la preferida por los pescadores deportivos, ya que es agresiva y tremendamente astuta... ¡A los osos y las nutrias también les encanta la trucha!

Una nutria caza una trucha.

Salmón

91 Toda una odisea

El salmón nace en la parte alta de ríos que desembocan en el mar y, cuando alcanza la madurez, se traslada a vivir al mar. Al cabo de tres años vuelve al río y lo remonta a contracorriente, saltando desniveles para poner sus huevos cerca de donde nació.

¿SABÍAS QUE...?

Los animales de agua dulce se están extinguiendo cinco veces más rápido que los terrestres.

92 Pez predador

El lucio es un depredador de agua dulce con fama de ser un carroñero agresivo, aunque pasa la mayor parte del tiempo escondido en el fondo de los embalses, que es donde viven más ejemplares. ¡Puede llegar a medir casi tanto como una motocicleta!

93 Pequeñas devoradoras

Las pirañas son de los peces más voraces que existen. Tienen la boca llena de dientes afiladísimos y en cuanto detectan un rastro de sangre… ¡forman un torbellino entre todas que puede acabar con una presa en segundos!

Piraña

Pez lucio

4 El rey de los océanos

El gran tiburón blanco es el rey de los océanos, ¡el depredador por excelencia! Puede llegar a medir 33 pies (10 m) de largo, casi como un autobús, y tiene unos afiladísimos dientes que va reponiendo constantemente.

Tiburón blanco

¿SABÍAS QUE...?

El pez globo es un lento nadador que, cuando se ve amenazado, aprovecha su elástico estómago y traga mucha agua, hinchándose como un gran globo: multiplica varias veces su tamaño original y se vuelve incomestible para los demás peces.

Pez globo

5 Espinas mortíferas

El pez escorpión vive sin miedo y seguro de sí mismo porque sus espinas dorsal, anal y pélvica producen una proteína altamente tóxica y mortal, que no duda en inyectar en sus enemigos. ¡Puede incluso matar a un ser humano!

Pez escorpión

96 Una caja de herramientas

En los océanos viven extraordinarios ejemplares que tienen en la cabeza formas sorprendentes; es el caso del pez espada, el pez sierra y el pez martillo.

Pez espada

Pez sierra

Pez martillo

97 Majestuosa

La ballena azul es el mamífero más grande que existe: ¡tiene el tamaño de dos autobuses! Su corazón presenta las dimensiones de un auto pequeño ¡y su latido se puede oír a 1.8 millas (3 km) de distancia! Su lengua pesa lo que un elefante adulto y en su boca caben unos 100 hombres a la vez.

Ballena azul

45

98 ¿Un pájaro en el agua?

Pez volador

El pez volador es una maravilla de la naturaleza porque es capaz de emerger del agua a 3.2 pies (1 m) de altura y planear a lo largo de casi 656 pies (200 m). Puede hacerlo gracias a sus grandes aletas y a una cola que le permite impulsarse con una increíble potencia.

Pez víbora

99 A gran profundidad

El pez linterna, tan pequeño que cabe en la palma de una mano, tiene el don de la luminiscencia: en su cuerpo brillan pequeñas lucecitas. El pez víbora tiene una forma terrorífica y, gracias a su antena luminosa, atrae a sus víctimas para luego zampárselas.

Pez linterna

100 Expertos en camuflaje

El pez piedra australiano es prácticamente invisible sobre las rocas, y las espinas de sus aletas contienen un veneno más potente que el de la cobra. El caballito de mar puede cambiar de color para camuflarse en las rocas y su primo el dragón de mar tiene aletas con forma de algas para pasar desapercibido.

Pez piedra

Dragón de mar

101 La acción del hombre

Redes de pescadores a la deriva, basura vertida al mar, residuos radiactivos arrojados a las fosas marinas… Durante mucho tiempo los humanos hemos maltratado los mares y muchas especies, como los delfines, han sufrido las consecuencias. Las anillas de plástico de los refrescos, por ejemplo, terminan ahogando y matando a muchos peces. ¡Es responsabilidad de todos cuidar de nuestro planeta!

Índice